Le président
perd les pédales

BIOGRAPHIE

Hubert Ben Kemoun est un auteur qui aime tous les genres littéraires, des romans aux pièces de théâtre. Il écrit aussi des scénarios pour la télévision, des dramatiques et des feuilletons pour Radio France. Il vit à Nantes et écrit nuit et jour pour les grands et les petits, mêlant l'humour au frisson. Amoureux passionné des villes, il y puise son inspiration. Il publie des romans dans *Je Bouquine*, chez Nathan, Syros, Casterman et au Père Castor - Flammarion.

Avis aux lecteurs

Vous êtes nombreux à nous écrire et nous vous en remercions. Pour être sûrs que votre courrier arrive, adressez vos blagues, vos gags et autres histoires drôles à :

Bayard Éditions Jeunesse
Collection Délires
3/5, rue Bayard
75008 Paris

ILLUSTRATIONS INTÉRIEURES :
MATTHIEU BLANCHIN

Le président perd les pédales

COLLECTION DÉLIRES

HUBERT BEN KEMOUN

DIXIÈME ÉDITION
BAYARD JEUNESSE

AVERTISSEMENT !

Que tu aimes déjà les livres ou que tu les découvres, si tu as envie de rire, la série **Délires** est pour toi.

Attention, lecteur !
Tu vas pénétrer dans un monde excitant,
où l'humour et la fantaisie te donnent rendez-vous
pour te faire rigoler et peut-être pleurer...
mais de rire !

3, rue Bayard, 75008 Paris
Loi n° 49956 du 16 juillet 1949
sur les publications destinées à la jeunesse

Dépôt légal février 2001

ISBN : 2 747 002 94 2

Impression réalisée sur CAMERON par BRODARD ET TAUPIN
La Flèche en mars 2001
N° d'Editeur : 6733 – N° d'impression : 6650

Mercredi 11 mai 2005
6 h 02

– Monsieur le Président ! Monsieur le Président !

Alexandre venait de tirer brusquement les lourds rideaux de la chambre. La lumière de l'aurore filtra jusqu'au lit.

En secouant délicatement l'épaule du dormeur, le valet de chambre répéta plus fort :

– Monsieur le Président, réveillez-vous ! Monsieur le Président !

Histoire de vérifier si ce n'était pas dans son rêve qu'on l'appelait, Grégoire Tole ouvrit un œil. Le gauche. L'autre était encore enfoncé dans les douces profondeurs de son oreiller.

C'était vraiment Alexandre. Il s'agitait autour des rideaux et du lit en répétant, sur un ton un peu plus autoritaire :

– Monsieur le Président ! Réveillez-vous !

À contrecœur, l'œil droit de Grégoire Tole abandonna l'oreiller et s'ouvrit en quelques battements laborieux. Il se posa sur l'ordinateur de la table de nuit. L'écran de l'appareil, pour l'instant, ne donnait que l'heure et la date : 6 h 02, mercredi 11 mai 2005. Dans un bâillement qui évoquait assez l'éléphant de mer, le président de la République s'étira en interrogeant son valet de chambre du regard.

– Je sais, monsieur le Président, balbutia Alexandre, je suis désolé. Je me suis permis de vous réveiller plus tôt que prévu.

– Plus tôt ? J'avais dit 7 h 30 ! protesta Tole en se dressant sur ses coudes.

– C'est que... le ministre de l'Intérieur insiste, il est arrivé en trombe voici un quart d'heure et le Premier ministre vient de le rejoindre à l'instant. Ils m'ont sommé de vous réveiller immédiatement.

– Ils vous ont sommé ? Qui est-ce qui commande ici ? s'écria en colère l'éléphant de mer.

– Vous, bien sûr, monsieur le Président, mais ils ont dit que... enfin, je ne sais pas exactement. Ils vous attendent dans le salon Renaissance de la terrasse du palais. Les événements sont tellement...

Alexandre s'interrompit. Ce qu'il avait à annoncer le terrorisait. Il n'osa poursuivre davantage.

Repoussant violemment les draps et le couvre-lit, le président Tole s'énerva.

– Oui ? Eh bien ? Allez-y, Alexandre, quels événements ? Allez-y, maintenant que vous avez fichu en l'air la fin de ma nuit !

– Je ne sais pas comment dire. Je... Peut-être vaut-il mieux que vos ministres vous expliquent eux-mêmes la gravité des faits !

Grégoire Tole, à présent, était assis au bord de son lit. Les yeux mi-clos, il cherchait ses mules et se retrouva à quatre pattes sur le tapis, sa pantoufle gauche ayant dû galoper sous le sommier pendant la nuit. Il marmonna, l'air mauvais :

– La gravité des faits ! Ça a intérêt à être d'une importance capitale... considérable... essentiellissime !

Sinon je vous vire tous ! Vous entendez ? Tous ! J'ai besoin de dormir, moi !

– Je crois que c'est très grave, monsieur le Président, répéta Alexandre, qui jouait, lui aussi à quatre pattes, les spéléologues chasseurs de pantoufles galopeuses.

Enfin Tole se redressa, triomphant, la mule galopeuse à la main. Chaussé, il s'avança comme un zombie vers la salle de bains. Machinalement, il s'apprêtait à prendre sa première douche de la journée, mais Alexandre, planté devant lui, obstruait le passage. Il lui présentait une robe de chambre en soie noire, au lieu du peignoir d'éponge habituel. On aurait dit un toréador décidé, face à un vieux taureau endormi et inoffensif.

– Les ministres attendront quand même que j'aie pris ma douche, non ? demanda Grégoire Tole, un peu paniqué.

– Le Premier ministre est arrivé sans être rasé, monsieur le Prési...

– C'est son problème ! Je ne veux même pas savoir s'il s'est brossé les dents. Moi, je ne fais rien sans avoir pris une douche ! Ça a toujours été comme

ça, et ce sera pareil aujourd'hui !

– Je suis désolé, monsieur le Président, c'est une affaire de la première urgence ! C'est grave ! Très grave ! Et même plus grave que tout ce que vous pourriez imaginer, répéta Alexandre, la robe de chambre toujours ouverte devant Tole.

Las de parlementer, Tole se résigna à enfiler les manches du vêtement.

– Mais bon sang de bonsoir, de quoi s'agit-il, enfin ?

– J'ai cru entendre parler d'une disparition. Hâtez-vous, monsieur le Président ! Dans un moment vous me reprocherez de ne pas vous avoir pressé davantage.

– Une disparition ? Quelqu'un est mort ? Le pape peut-être ? Et alors, ça ne le ressuscitera pas si je ne me douche pas !

– Non, pas une disparition de ce genre !

– Rien ne mérite qu'on me vole deux précieuses heures de sommeil et ma première douche de la journée !

– Si ! répondit sèchement le valet.

Grégoire Tole regardait Alexandre sans vraiment comprendre. D'habitude, une menace pareille l'aurait fait ramper à terre, mais pas aujourd'hui. Lui, toujours si effacé, sans cesse courbant le dos devant son maître, à croire qu'il était né voûté, osait le bousculer aujourd'hui. Depuis des années Alexandre travaillait à son service, servant à la fois de valet, de conseiller, de garde du corps. Tole ne l'avait jamais entendu se plaindre, jamais vu s'énerver ou refuser un seul de ses ordres. Une vraie perle, usant à chaque phrase de « Oui, monsieur le Président ! Bien, monsieur le Président » cent fois par jour, comme un vieux disque en vinyle rayé. Quelle mouche l'avait piqué ? Ce matin il semblait complètement métamorphosé. Il fixait Grégoire Tole droit dans les yeux, sans même détourner le regard. Ce n'était pas de la menace ou de l'arrogance, plutôt une prière. Alexandre suppliait, c'était une première.

– Pourquoi m'attendent-ils donc dans le salon de la terrasse ?

– Dépêchez-vous, monsieur le Président !

– Alexandre, je vous en prie, Alexandre, dites-moi la vérité, est-ce que c'est la guerre ?

Alexandre eut un tic nerveux à l'œil droit. Il le chassa

de la main, comme on cherche à éloigner un insecte.

– Oh non, monsieur le Président, en ce cas, le Service Major Intercontinental ou le ministre de la Défense auraient appelé directement par le téléphone écran. Il y aurait un conseil spécial. Enfin, je suppose ! La guerre ? Non... enfin... je ne crois pas ! Je ne sais pas, monsieur le Président, je vous en prie, dépêchez-vous !

Mercredi 11 mai 2005
6 h 21

C'est donc en pyjama, en robe de chambre et en pantoufles que, ce matin du 11 mai 2005, à 6 h 21, le président de la République française, Grégoire Tole, quitta ses appartements privés pour gagner la terrasse du palais de l'Élysée.

Alexandre le précédait à petite allure. Comme on marche pour un enterrement. Tole, derrière, regrettait son lit et sa douche en se demandant ce qui pouvait bien l'attendre sur la terrasse.

Le salon Renaissance était une belle pièce décorée

dans un style doré dégoulinant, genre crème Chantilly, en beaucoup moins appétissant. Cette pièce s'ouvrait par des baies vitrées sur la grande terrasse du palais. De là, on avait une vue magnifique sur Paris.

Lorsque Grégoire Tole poussa la double porte de la pièce, il n'y avait pas que les deux ministres annoncés par Alexandre quelques instants plus tôt... Ils étaient treize à le fixer et à l'attendre, sans un mot. Le gouvernement au grand complet. Certains étaient assis dans les fauteuils, d'autres debout dans les coins. Tous avaient le même visage : défait, pas rasé, fatigué, chargé de sommeil et d'inquiétude. La pièce était sombre, malgré la lumière du jour naissant. On avait laissé les rideaux fermés. Les grands lustres étaient éteints, seules trois appliques murales brillaient dans la pénombre glaciale du salon.

L'ambiance n'était pas à la plaisanterie. Il ne manquait plus qu'un prêtre et un cercueil au milieu de la pièce et l'on aurait juré assister à une veillée mortuaire.

– Messieurs, bonjour !

Le « Bonjour, monsieur le Président » qui répondit à Tole était si sourd, si grave qu'il semblait avoir été lancé par des fantômes.

Grégoire Tole les dévisagea lentement pour les inviter à prendre la parole, et comme personne ne réussissait à rompre le silence, le président s'énerva :

– Messieurs, expliquez-moi ce qui me vaut cette intrusion matinale au palais !

Silence. C'est uniquement parce qu'il n'y en avait pas dans la pièce que l'on n'entendit aucune mouche voler.

– Messieurs, je n'ai pas pris ma douche ! hurla Tole, encore plus fort.

Personne n'osa parler. Les ministres se tournèrent tous vers le chef du gouvernement. Après tout, c'était lui le Premier ministre. Le droit, le devoir, la corvée d'expliquer l'affaire... c'était à lui de s'y coller. Mais, pas plus que les autres, Jean Surrel ne quitta le coin de tapis sur lequel il avait pris racine aux côtés de ses collègues de la Santé et de l'Équipement.

– Enfin, messieurs, que signifie tout cela ? J'ai cru comprendre que vous étiez pressés de me voir, que c'était urgentissime, grave, très grave ! Alors ? On m'avait parlé de ministres m'attendant impatiemment, pas de carpes !

Toujours ce silence, insupportable, inquiétant et lourd.

– Venez-en au fait, messieurs. Je n'ai pas que cela à faire, et vous non plus !

Pas un souffle ne répondit au courroux présidentiel. De l'Éducation nationale à la Justice, de la Guerre à la Construction, on garda le même mutisme gêné, apeuré. Aussi, avec l'élan théâtral qu'il savait si bien trouver dans les moments critiques, Tole pivota brusquement sur ses pantoufles sans talons, en faisant voler sa robe de chambre comme une cape de chevalier :

– Messieurs, ma douche m'attend. Vous ne me semblez pas aussi pressés qu'on me l'a fait croire ! Quand vous serez décidés à m'expliquer, nous verrons ! Maintenant, si c'est une farce, je ne la trouve pas à mon goût ! Et je saurai vous faire passer ces amusements de galopins !

Il allait pousser la double porte du salon, lorsque la voix du ministre de la Culture s'éleva timidement :

–Monsieur le Président..., voulez-vous regarder par la fenêtre, s'il vous plaît ?

Grégoire Tole s'arrêta net. Il pensa aussitôt « C'est la révolution, le peuple est dans la rue et cerne mon palais », mais aucun bruit ne montait du parc, aucune explosion ne l'avait fait sursauter depuis son réveil. Il se retourna, toujours la main sur la porte. Il les jaugea tous, les uns après les autres. Même le ministre de la Culture avait repris son attitude fermée et humble, comme si, pour lui, l'effort de rompre le silence avait été surhumain.

Tout doucement, Tole traversa la pièce. Il frôla ces espèces de statues vivantes. Personne ne se déciderait à lui expliquer quoi que ce soit de plus. Il arriva au pied d'un épais rideau, l'attrapa par un pli, le poussa de la main et regarda à travers la grande baie vitrée. Bêtement, tel un gosse qui scrute les environs pour voir si le traîneau du père Noël est garé devant chez lui, Tole écarquilla les yeux pour distinguer quelque chose de spécial.

D'abord, il ne vit rien. Il ne vit rien car il chercha, sur les pelouses et dans les bosquets des jardins, le détail qui lui valait cet exceptionnel conseil des ministres.

Au loin, derrière les murs du parc, Paris semblait palpiter à son rythme habituel. Des voitures qui roulent. Des feux tricolores qui les stoppent et qui les libèrent, des enseignes qui clignotent, des gens qui marchent, dans un sens, dans l'autre. Rythme rapide pour les voitures, régulier pour les feux tricolores, plus lent pour les piétons, tout à fait normal pour Paris. Tout était semblable à tous les autres jours du monde. Cette lumière crue du jour levé donnait une certitude de vie à ce qu'elle touchait. L'été semblait si proche, le soleil déjà si généreux à cette heure. Seuls les résidus d'une petite brume mauve et ocre de la nuit tentaient en vain de se battre contre l'éclat du jour. Rien de grave, et pas de quoi rater une douche.

Énervé comme un enfant à qui on a posé une devinette et qui trouve que la solution tarde trop à venir, Tole se retourna vers ses ministres :

– Vous commencez à me fatiguer sérieusement, messieurs ! Je ne vois pas ce qu'il y a à voir ! J'exige qu'on m'explique immédiatement !

Mais alors que son pied frappait le sol, que la colère empourprait et veinait son front, il se rendit

compte qu'il avait effectivement vu quelque chose. Plus exactement... qu'il n'avait pas vu quelque chose.

Il se retourna lentement, poussé par les regards de ses ministres penauds, et vit, au-delà du parc et de son enceinte, de la ville et de ses excroissances, au cœur de l'horizon et de son fond de ciel, si gai, il vit qu'il manquait quelque chose.

Il commença à transpirer à grosses gouttes et dut se retenir au pan du rideau pour ne pas tomber à la renverse.

– C'est pas possible ! Bon Dieu de bon Dieu ! C'est pas possible, où est-elle ? Où est passée la tour Eiffel ?

Mercredi 11 mai 2005
9 h 47

Sur le perron du palais présidentiel, la bousculade était indescriptible. Toutes les télévisions et leurs équipes spéciales, toutes les radios et leurs reporters, tous les journalistes de la presse écrite, tous jouaient des coudes et parfois du poing pour obtenir la meilleure place auprès de la forêt de micros que l'on avait installée sur la plus haute marche de l'escalier. Le service d'ordre du palais avait bien du mal à maintenir cette mêlée derrière le périmètre de sécurité.

Il y avait bien deux heures qu'ils attendaient ainsi l'arrivée du représentant du gouvernement. Le pays entier attendait un communiqué, un commentaire, une parole, quelque chose qui permette de comprendre un peu, qui rassure.

Depuis 7 heures du matin environ, le monde entier avait appris l'incroyable nouvelle de la disparition de la tour Eiffel. En un rien de temps, l'information s'était propagée partout dans les grandes capitales de la planète, dans les déserts les plus reculés, traversant les océans. Partout on savait que la majestueuse tour de Paris s'était volatilisée.

Les chaînes avaient interrompu leurs programmes comme pour la mort des grands chefs d'État ou pour l'annonce des grandes catastrophes. Depuis, on passait des documentaires racontant la vie de Gustave Eiffel ou expliquant de façon savante les techniques de construction du bâtiment. On eut droit aussi à des montages de vieilles photos datant de l'Exposition universelle de 1900, et même un reportage sur les cuisines du célèbre restaurant panoramique de la tour. On remplissait l'écran, en attendant d'avoir de vraies nouvelles. Régulièrement, les journalistes, qui s'ennuyaient dans la cour de l'Élysée, prenaient la parole pour annoncer avec beaucoup de sérieux... qu'ils n'avaient toujours rien à dire.

Les Parisiens n'étaient pas allés travailler sans avoir fait un détour par l'esplanade où la tour Eiffel aurait dû se trouver. Ils furent des milliers à faire ces détours pour voir sur place ce que l'on constatait à des kilomètres à la ronde. Cette affluence exceptionnelle provoqua des embouteillages gigantesques qui bloquèrent toute la capitale et une bonne partie de sa banlieue ouest. Pourtant, de n'importe où, il suffisait de lever le nez pour constater que la grande silhouette d'acier ne faisait plus partie de l'horizon. Mais on voulait être de ceux qui pourraient affirmer : « J'ai vu qu'il n'y avait plus rien à voir ! »

Dans les cafés, autour des croissants, les commentaires fusaient bon train, mais ils étaient totalement inutiles. Si chacun y allait de sa petite hypothèse plus ou moins saugrenue, personne n'écoutait vraiment personne. On assistait à des scènes de panique un peu partout en ville. On déplora, pour le seul début de matinée de ce mercredi, une trentaine de crises cardiaques dans la capitale et six suicides (dont celui d'un vendeur de tours Eiffel en faux cuivre).

Le gardien de la tour avait été entendu par la police dès les premières heures de la matinée. On le transféra vers 9 h 30 dans les services d'un hôpital psychiatrique, après avoir diagnostiqué une grave dépression nerveuse.

Mais, si lui devenait fou, d'autres se croyaient plus malins. Des petits rigolos téléphonèrent aux rédactions des journaux pour annoncer que la tour était chez eux, dans leur jardin, et qu'ils ne la rendraient au pays que contre des rançons mirobolantes. Des mages de religions inconnues et des gourous de sectes bizarres assuraient qu'ils avaient prédit, et depuis longtemps, que la tour allait disparaître. Que personne n'avait voulu écouter leurs avertissements et leurs prémonitions, que c'était bien fait, que c'était trop tard, que c'était tant pis, que c'était la fin du monde... à moins qu'on ne leur verse des fortunes sur leurs comptes en banque. D'autres farfelus juraient, à qui voulait les entendre, que cette

disparition n'était rien d'autre qu'un châtiment divin, et qu'en se mettant à prier avec eux et à leur manière ils pourraient la retrouver. Des savants, plus ou moins louches, tentaient avec leurs baguettes de sourciers, leurs pendules en or ou en plastique doré, leurs boules en vrai ou faux cristal, de découvrir où la tour se cachait. D'autres, pour se rassurer, affirmaient, à l'aide de formules mathématiques complexes et incompréhensibles, qu'en fait la tour Eiffel était toujours là, mais qu'elle était devenue invisible aux yeux des hommes, et cette hypothèse était encore plus inquiétante.

On avait droit à tout et n'importe quoi. Comme les journalistes, des scientifiques se relayaient sur les écrans des chaînes de télé et sur les ondes des stations de radio pour expliquer, pendant des heures, qu'ils ne savaient rien.

Personne n'avait l'ombre du début de la plus petite poussière de commencement d'explication à donner. Personne, et pas plus le ministre de la Culture que les autres.

À 9 h 47, il s'avança devant les journalistes impatients. Il n'en menait pas large, mais ce matin, dans la salle du conseil des ministres du palais de Grégoire Tole, on l'avait désigné comme porte-parole du gouvernement. Premièrement, parce que dans les sondages il bénéficiait de la meilleure cote de popularité ; deuxièmement, parce qu'il était reconnu de tous pour ses talents d'orateur et qu'il était de notoriété nationale qu'il adorait passer à la télé et sur les ondes ; troisièmement, parce que personne d'autre n'avait voulu s'y coller ; enfin, quatrièmement, parce que le président Tole et son Premier ministre Surrel lui avaient fait comprendre que, s'il n'y allait pas, il serait immédiatement viré. On lui avait dit qu'il serait le meilleur pour tenter d'expliquer l'inexplicable à la presse et à la population. On lui avait souhaité bonne chance en lui balançant de grandes et chaleureuses claques dans le dos, on lui avait promis la lune s'il se sortait bien de cette situation difficile. Mais, à présent, il regrettait de s'être laissé faire et de n'avoir pas su résister.

Il tremblait, sentant qu'à travers ces caméras et cette multitude de micros le monde entier le regardait et l'écoutait. Ça, pour passer à la télé ou à la radio, il allait être servi ! Partout sur la planète on allait diffuser et rediffuser ces images. Mais, cette fois-ci, il ne s'agissait pas de lever un verre de champagne à la santé d'un sculpteur ou au talent d'une grande cantatrice. Il sentit à quel point il allait être ridicule. Il prit une profonde inspiration et se lança. Il précisa, avant d'attaquer son petit discours, qu'il ne supporterait pas la moindre question. Ensuite, il avoua immédiatement :

– Nous n'avons pas d'explication pour l'instant, euh... mais depuis ce matin tous les moyens sont mis en œuvre pour comprendre. Euh..., jamais autant de moyens n'ont été rassemblés aussi rapidement. Euh...

Après, il broda avec les mots, dans son style habituel. Des phrases qui ne faisaient en rien avancer l'affaire, mais pouvaient donner l'illusion qu'il en savait un peu plus qu'il ne le disait. On remarqua l'utilisation répétée de certains termes. Huit fois il utilisa le mot « calme », à chaque fois pour demander à la population de le garder. Six fois, « situation », qui revenait à cinq reprises dans : « Nous avons la situation bien en main ».

Il parlait pour combler le vide. Tout le monde s'en rendait compte. Dans son propos revint quatre fois

« notre enquête sera de la plus grande rigueur », et quatre fois aussi « nous n'écartons aucune hypothèse ». Personne n'osa signaler qu'il avait bégayé quarante-deux « euh » durant son petit baratin inutile.

Cette allocution dura exactement sept minutes et douze secondes, et pas une seule fois, volontairement, le ministre de la Culture ne prononça « tour Eiffel ». Il pensait dédramatiser les choses en ne citant jamais la disparue. Quelle erreur ! Les journalistes ne manquèrent pas de le noter. Alors que des radios passaient déjà de la musique classique en signe de deuil, que les télés avaient battu le rappel de leurs présentateurs vedettes pour alimenter leurs émissions, que tous les journaux tiraient des éditions spéciales avec des titres larges comme des pouces, il murmurait, souriant : « Ne vous inquiétez pas, on va certainement vous la retrouver ! C'est juste une fugue, on a organisé une battue dans les environs, elle doit être cachée dans les parages ! » Que pouvait-il dire d'autre ? Qu'on allait diffuser sa photo partout, au cas où quelqu'un la croiserait ? Personne ne savait où avait bien pu filer la grande dame de fer et, au gouvernement comme dans tout le pays, on essayait tant bien que mal de combler le vide incompréhensible qu'elle avait laissé. Pourtant le ministre de la Culture n'avait pas menti. C'est vrai qu'on ne chôma pas. Dès que Tole fut remis de son émotion dans le salon Renaissance, les plus grands savants du pays et toutes les instances internationales se trouvèrent réquisitionnés pour percer le mystère des mystères.

Du monde entier on appela le président Grégoire Tole pour l'assurer du plus grand intérêt que partout, dans les royaumes et les républiques, on portait à cette affaire. Au cours de la matinée arrivèrent des messages de sympathie ou de condoléances, des coups de téléphone qui disaient les efforts mis en œuvre, partout, pour retrouver cette satanée tour qui devait bien être quelque part, bon sang de bonsoir ! Seul le chef d'un petit État d'Afrique tenta de détendre l'atmosphère en déclarant à qui voulait l'entendre qu'au fond cette grande girafe d'acier était particulièrement laide, que ce n'était pas une grosse perte pour la France et encore moins pour le monde. Le ministère des Affaires étrangères rompit immédiatement ses relations diplomatiques avec cet impertinent. De même, la police alla demander des comptes à un important ferrailleur de Clamart, en banlieue sud, qui, depuis le matin, faisait passer une annonce sur les ondes pour faire savoir qu'il était prêt à racheter la tour à ceux qui la détenaient, au tarif préférentiel de 105 francs la tonne (ce qui mettait le kilo de tour Eiffel à moins de 10 centimes, même pas le prix d'un chewing-gum de mauvaise qualité). Un scandale !

Bien entendu, le président Grégoire Tole et son Premier ministre, Jean Surrel, annulèrent tous leurs rendez-vous de la journée. À l'hôtel Matignon [1], une cellule de crise était réunie. Elle siégeait en permanence pour coordonner les informations et les recherches en cours. La seule chose que l'on savait vraiment, grâce au témoignage du gardien et de quelques noctambules, c'est que la disparition avait eu lieu aux alentours de 4 h 46 du matin et que cela n'avait pas duré plus de quelques secondes. Avec ça, on n'était pas plus avancé.

Dans le milieu de la matinée, Grégoire Tole – qui

1. Palais du Premier ministre à Paris.

n'avait toujours pas pris sa douche – survola les lieux de la disparition en hélicoptère. Il avait d'abord envisagé de s'y rendre en voiture avec Surrel et les responsables des monuments historiques, mais le gigantesque embouteillage qui paralysait les rues, les avenues, les quais de la Seine, rendait impossible toute approche de ce genre.

Le périmètre du grand carré, où la tour Eiffel, la veille encore, s'accrochait à la terre par ses quatre larges sabots, avait été ceinturé par des barrières métalliques. La place entière était gardée par des soldats en armes, à l'allure vaguement humaine. Cette armée effrayante, parfaitement alignée sur trois rangées, tournait le dos au centre du carré vide. Elle délimitait et prolongeait le tombeau de la disparue, traçait les limites d'un trésor absent. Et justement, parce que le carré était vide, la présence de la troupe et des blindés paraissait encore plus inutile et grotesque. On protégeait du vide.

Grégoire Tole détestait l'hélicoptère autant qu'il détestait se passer de douche. Surrel criait dans ses oreilles en désignant l'esplanade du doigt.

– Nos chercheurs sont à pied d'œuvre depuis ce

matin, monsieur le Président. Nos plus puissants ordinateurs sont interrogés sans relâche...

– Et sans succès, railla Tole en hurlant lui aussi, pour couvrir le bruit du moteur et des hélices.

– Oui, monsieur le Président, pour l'instant sans succès, avoua le Premier ministre.

L'hélicoptère survola encore le fleuve, avant d'obliquer vers le nord pour rentrer à l'Élysée et se poser sur la pelouse du parc. Grégoire Tole marchait vite, Jean Surrel soufflait deux pas derrière lui.

– Mais nous trouverons, monsieur le Président. Un tel volume... trois cents mètres de hauteur... vous vous rendez compte ? Ça ne peut pas se faire la malle comme ça ! C'est absolument impossible ! Nous ne pouvons que trouver !

Tole se retourna violemment :

– Impossible ? Alors nous avons tous la berlue ?

– Non, mais je veux dire que...

– Écoutez, Surrel, écoutez-moi bien !

Il tremblait de rage, on aurait pu penser qu'il allait gifler le Premier ministre tant sa colère était proche de l'explosion nucléaire !

– La tour Eiffel, ce n'est peut-être pas le plus gros

problème. Il y a des types qui passent leurs week-ends à en confectionner des répliques exactes avec des allumettes. La tour Eiffel, ce n'est pas ça le plus grand drame. Une tour Eiffel, ça se reconstruit, à l'identique, même avec la rouille, même avec l'usure du temps, en six mois s'il le faut. Même si ça coûte une fortune, on trouvera l'argent. On lancera une souscription dans le monde entier, on récoltera de quoi en construire dix, des tours Eiffel. Ce n'est pas le problème !

–Oui, enfin... c'est quand même grave qu'elle se soit volatilisée..., murmura timidement Surrel.

–En revanche, ce qui peut nous coûter beaucoup plus cher, ce sont les conséquences de cette disparition. De graves conséquences sur l'avenir, celui du monde peut-être, mais le nôtre particulièrement !

–Mais...

–Nous sommes là pour protéger la population et ses biens. On aura vite fait de démontrer que, si la tour a disparu, c'est de notre faute !

–Mais...

–Même si nous n'y sommes pour rien !

– Mais...

– Il n'y a pas de mais ! Au boulot, Surrel ! Si des salopards ont fait ce coup, ils vont nous contacter. Préparez-vous à réagir ! Ces salauds nous tiennent pour l'instant, ce sont eux qui mènent le bal et ce n'est pas tolérable !

– Mais...

– Pensez à votre carrière et aux commentaires que l'on fera plus tard autour de nos noms dans les dictionnaires. À vous de voir si on doit écrire à la suite du vôtre : « Jean Surrel : grand Premier ministre de la République française du début du XXIe siècle », ou bien : « Jean Surrel : clown incapable ayant égaré la tour Eiffel » ! Je vous le répète, à vous de voir.

– Mais...

– Il n'y a pas de mais ! Vous m'énervez à bêler comme une chèvre ! Au boulot. Je vais prendre ma douche !

– Mais...

– Et puis, allez vous raser. Ces poils, ça fait négligé !

Mercredi 11 mai 2005
12 h 43

En fin de matinée, Grégoire Tole n'avait toujours pas eu le temps de prendre sa douche. Sans cesse dérangé par les coups de téléphone des autres chefs d'État, il ne s'était accordé qu'un petit déjeuner vers midi et, alors qu'il s'apprêtait enfin à passer dans la salle de bains, il s'était allongé pour se détendre quelques instants. Immédiatement, il s'était endormi, tout habillé, sur son lit.

– Monsieur le Président ! Réveillez-vous ! Vite ! Monsieur le Président !

La voix d'Alexandre résonnait joyeuse et volontaire. Elle tira Grégoire Tole de sa sieste sans rêve.

–Monsieur le Président, monsieur le Président...

À peine eut-il ouvert les yeux (les deux d'un seul coup) que Tole se rappela les événements de la matinée.

–Alexandre, foutez-moi la paix ! Je veux dormir ! Je ne veux plus de ce cauchemar.

–Il est fini, monsieur le Président ! Fini ! Elle est revenue !

–Non, ce n'est pas vrai ? Alexandre, vous voulez dire que... ?

–Oui, monsieur le Président, la tour Eiffel, elle est là, au bord de la Seine ! À sa place !

–La même, Alexandre ? La nôtre ?

Alexandre, interloqué par la question, s'interrompit un instant.

–Je n'en connais pas d'autres ! Bien sûr que c'est la nôtre, monsieur le Président, celle de toujours !

D'un bond, et sans pantoufles, Tole fut à la fenêtre du petit salon. Parce qu'il ne regardait pas dans la bonne direction, il ne la vit pas tout de suite. La sueur commença de perler à son front. Alexandre guida le regard présidentiel vers l'ouest et Grégoire Tole la découvrit enfin.

Majestueuse, elle était bien là, fière et sombre, pièce maîtresse sur le grand échiquier de Paris. Sa présence était tellement évidente, tellement habituelle, que déjà son absence de la matinée paraissait un lointain cauchemar, une hallucination impossible.

Tole se souvint d'une phrase de l'écrivain Blaise Cendrars : « Tour Eiffel, tu es le pinceau qui trempe dans la lumière... », il la répéta plusieurs fois avant de l'enregistrer sur le Dictaphone posé sur la cheminée. Il la caserait au début de son prochain discours.

Dans l'ombre de la chambre, Alexandre pleurnichait d'émotion, en attendant les ordres, tel un bon petit soldat.

Tole releva la tête :

– Et mon imbécile de Premier ministre, que fait-il en ce moment ? Où la cherche-t-il ? Dans les salles de rédaction des radios où il tente de faire savoir qu'on va la retrouver très bientôt ?

– M. le Premier ministre s'est déjà rendu sur les lieux, monsieur le Président, M. le ministre de la Culture l'accompagnait, ainsi que le responsable des Monuments historiques.

– Oui, et maintenant ? Où est-il ?

– Il vient d'arriver ici. Il patiente derrière la porte, murmura Alexandre en désignant le couloir du pouce. Il a convoqué la presse pour 16 heures. Il souhaite s'entretenir avec vous au sujet de la stratégie à suivre. Sa conférence se tiendra sur le premier étage de la tour. La foule a envahi l'esplanade, malgré le dispositif de sécurité, ajouta Alexandre, joyeux. On danse sous la tour Eiffel, monsieur le Président. Une fête semblable à celle du soir de votre élection.

– Aussi grande ? demanda sèchement le président.

– Non, pas aussi populaire, pas aussi historique, pas aussi colorée, une petite fête sympathique, quoi, quelques accordéons et quelques petits drapeaux ! Rien de plus ! On danse un peu, on chantonne !

– On danse ! On chante ! Si ça peut leur fait plaisir... Bien, puisque tout le monde est satisfait ! Je vais prendre ma douche ! Faites entrer Surrel immédiatement.

– J'attends peut-être la fin de la douche ?

– Non, non ! Faites-le entrer dans la salle de bains,

le temps presse et je veux absolument le voir avant qu'il ne commence à déblatérer n'importe quelle sornette aux journalistes.

– Dans la salle de bains ?

– Au diable le protocole, Alexandre, faites entrer Surrel, je vous dis !

Tole commença à se déshabiller, sous le regard inquiet de son serviteur.

*

– Si vous imaginez que cette affaire est terminée, Surrel, vous vous enfoncez le doigt dans l'œil jusqu'à l'épaule !

– Mais, voyons, monsieur le Président, elle est revenue !

– Je suis désolé de vous rappeler que le mystère reste entier. En quelques secondes elle disparaît ; en quelques secondes la revoilà. Ça doit pouvoir s'expliquer, un miracle pareil. Non ? Nous n'avons pas été sujets à une hallucination de quelques heures, mais bel et bien témoins de la disparition d'un des monuments les plus célèbres de la planète. Car, même si elle a réintégré sa place, il demeure que le retour de la tour Eiffel s'est fait indépendamment de notre action, ... je veux dire, de VOTRE action.

– C'est possible, mais...

– Et donc, ce qui restera de cet événement, ... c'est votre incapacité à l'élucider.

Grégoire Tole pliait proprement son costume sur un fauteuil. Surrel était rasé, mais il avait dû le faire trop rapidement, un pansement balafrait sa joue droite. Ne sachant plus quelle attitude adopter devant le strip-tease présidentiel, il demeurait debout à côté du bureau. Il y eut un silence. Tole était en slip devant lui et Surrel essayait de regarder ailleurs. Du coin de l'œil, il voyait malgré tout le corps du président, flétri par le temps. La bedaine tombante, les cuisses graisseuses et trop blanches... Il le trouvait laid. Il ne supportait plus les réflexions désagréables dont il était l'objet depuis ce matin. Comme si le drame qui touchait Paris ne suffisait pas à son malheur. Il en avait marre ! Mais on reste poli avec un président de la République, même s'il se promène en slip sous vos yeux. Surrel contenait son mépris et sa hargne. Il ruminait sans rien répondre. Il se rassurait en pensant que l'heure de sa vengeance sur ce vieux débris viendrait bien un jour. Un jour, il serait président. Tous les sondages l'affirmaient.

Tole passa dans la salle de bains, fit signe à Surrel de le suivre. Le premier se retrouva devant la glace à se raser, l'autre, toujours aussi gêné, alla s'asseoir au bord de la baignoire.

– Personne n'expliquera jamais cela, monsieur le Président. Évidemment, si une comète s'était profilée aux confins de la galaxie... nous aurions peut-être pu faire un lien... mais le dernier passage du phénomène date de 1986 et le prochain est pour 2062. Il faut en prendre notre parti et jouer, malgré tout, la carte scientifique plutôt que policière. S'il existe une explication, elle prendra du temps à venir, ... si elle vient !

–Je me moque de la carte à jouer, Surrel. Je ne veux aucune vague. Nous avons des élections à gagner dans trois mois, et c'est parce que je connais le jeu de nos adversaires que je dis cela.

– Mais, monsieur le Président, malgré la force

de nos adversaires, je doute qu'ils aient trouvé le moyen de nous voler la tour Eiffel. Cette affaire n'a rien de politique ! ... C'est absurde !

Il avait dit cela en souriant, histoire de détendre l'atmosphère. Tole, le bas du visage barbouillé de mousse à raser, ne goûta pas la plaisanterie.

– C'est possible, Surrel ! Mais aucune presse n'enterrera cette affaire sans en avoir fait un gigantesque scandale. La disparition de la tour Eiffel est une catastrophe pour nous, plus grande que n'importe quel cataclysme !

– Monsieur le Président, je ne sais plus quoi vous répondre. Si ma démission pouvait résoudre le problème, je ...

– Je n'ai pas besoin de votre démission, Surrel ! À moins que ce ne soit vous qui l'ayez piquée ?

– Hélas non, monsieur le Président !

– Bon, alors trouvez quelque chose de mieux ! J'ai besoin de stabilité autour de moi avant les prochaines élections législatives [2].

2. Élections des députés qui votent les lois à l'Assemblée nationale.

Tole se rinçait le visage.

–Tous nos chercheurs, j'ai bien dit tous, se penchent sur cette affaire depuis ce matin. Ils n'ont rien trouvé, absolument rien ! Un jour elle est là ; le lendemain elle n'est plus là ; à midi et quart, le jour même, la revoilà. C'est de la prestidigitation ! plaida Surrel.

–Justement ! Dans un tour de passe-passe, il y a toujours un truc ! Je veux, vous m'entendez ?... je veux le truc !

À l'aide de la télécommande électrothermique, Tole régla la température de l'eau. Il ajouta sans se retourner vers Surrel :

–Racontez ce que vous voulez aux journalistes, parlez-leur du branle-bas de combat mis en place pour comprendre, promettez des révélations pour plus tard, débrouillez-vous. Fabriquez un mystère plus grand encore, mais donnez l'impression d'en savoir plus que vous ne dites ! Soyez imaginatif pour une fois ! Soyez un chef !

–Et si elle avait disparu de par la volonté d'extraterrestres ?

Tole se tourna brusquement vers Surrel. Dans ses

yeux, des mitraillettes gros calibre avaient pris la place de ses rétines.

– C'est ça votre idée ? Vous voulez passer pour un bouffon, un clown ou un dingue ?

– C'était juste une petite idée...

– Si vous en avez d'autres comme celle-ci, vous les garderez pour amuser les petits enfants à des goûters d'anniversaire ! Des extraterrestres ? N'importe quoi ! Je croyais que vous rêviez de ma place à l'Élysée, pas d'un strapontin dans un cirque !

– Excusez-moi, monsieur le Président.

– Les extraterrestres n'existent nulle part. Depuis la fin du XXe siècle, les plus grands chercheurs l'ont prouvé. Alors que la tour Eiffel, elle, c'est du concret, du solide ! Trouvez quelque chose qui tienne debout, Surrel ! Moi, j'ai une gerbe à déposer sur la tombe du soldat inconnu en milieu d'après-midi, je ne peux pas annuler. Ce soir à 20 heures, je ferai une intervention sur toutes les chaînes de télévision. Il faut bien que quelqu'un rassure la population !

Il allait entrer dans la cabine de douche et c'est précisément à ce moment-là, alors que Grégoire Tole venait de jeter son slip dans une panière de linge sale, que l'on entra dans la chambre.

Alexandre était à la porte de la salle d'eau. Derrière lui, le Premier secrétaire de la présidence apparut, il avait sa tête des très mauvais jours.

– Monsieur le Président, monsieur le Premier ministre, j'ai une information de la plus haute gravité, je me suis permis...

– Mais c'est pas possible, est-ce que je vais pouvoir la prendre, ma douche ? Qu'est-ce qu'il y a encore ? râla Tole, la main sur le rideau en plastique. Elle a encore disparu ? Eh bien, ne vous inquiétez pas, voyons, Surrel est sur ses traces. Pardon : Surrel, ses scientifiques et leurs idées de clowns !

Le secrétaire de la présidence s'avança.

– Non, monsieur le Président, la tour Eiffel est toujours à sa place, seulement il y a un problème.

– Un problème ? demanda Surrel très inquiet.

– Il semble...

Le secrétaire s'interrompit et proposa doucement :

– Vous ne voulez pas vous asseoir, monsieur le Président !

– Il semble que quoi ! hurla Grégoire Tole.

– Il semble que ce ne soit pas tout à fait la même !

Heureusement, Surrel, lui, était assis. Sinon il se serait probablement étalé sur le carrelage. Grégoire Tole s'était figé, comme une image bloquée au magnétoscope. L'eau continuait à couler, la douche jouait les chutes du Niagara, il y en avait partout dans la salle de bains. Tole se sentit mal. Le secrétaire de la présidence ajouta :

– Les experts ont fait des analyses.

– Et alors ?

Tole se sentait de moins en moins bien, mais alors vraiment pas bien du tout ; Alexandre se précipita avec un calmant et un verre d'eau.

– L'acier qui compose l'édifice est désormais un alliage différent d'aluminium et de cuivre. Je veux dire, différent de celui utilisé par Gustave Eiffel.

– Différent ? Qu'est-ce que ça signifie, différent ?

– Monsieur le Président, monsieur le Premier ministre, je peux vous assurer que personne n'est au courant pour l'instant, mis à part les chercheurs qui ont analysé les résultats des tests.

– Différent ? Comment ça différent ? répétait Surrel, assis sur le rebord de la baignoire, les pieds clapotant dans l'inondation.

– C'est une blague ? N'est-ce pas ? C'est une blague, pour que je ne puisse pas prendre ma douche ?

– Hélas non, monsieur le Président. La tour que tout Paris admire avec bonheur n'est pas la même que celle qui était plantée au bord de la Seine, hier ! C'est une copie !

Alexandre soutenait Tole qui alla s'asseoir sur le lit de la chambre. Le secrétaire insista, comme si le président n'avait pas compris :

– Même si, en apparence, elle est absolument semblable à celle que nous connaissons, et il n'y a aucun doute là-dessus, ce n'est pas celle que Gustave Eiffel a construite, en 1891, pour l'Exposition universelle.

Le président suppliait presque :

– Non vraiment, ... c'est pas la même ?

Puis il eut un petit hoquet et entendit à peine le Premier secrétaire lui répondre :

– Je suis désolé, monsieur le Président !

Mercredi 11 mai 2005
15 h 55

– Je vous assure, monsieur le Premier ministre, même mes stylos dans mon pot à crayons ! Même ma gomme ! Tout ! Vous vous rendez compte ? Absolument tout !

Surrel, qui n'écoutait pas, répondit que « oui, il se rendait compte », à tout hasard. Le directeur de la tour Eiffel continua à parler dans le vide :

– Rien n'a bougé dans mon bureau, il y a même les mégots dans le cendrier, c'est incroyable !

La porte de l'ascenseur s'ouvrit devant eux et le

directeur, toujours bavassant, céda le passage au Premier ministre. Celui-ci s'engouffra dans la cage grillagée ; l'autre, collé contre lui, continuait à postillonner qu'il ne manquait pas un centime dans le coffre-fort de son bureau, pas une pièce dans les distributeurs de sandwichs. Rien n'avait bougé.

–Ah si, dit fièrement le directeur, il n'y avait plus une seule bouteille dans les distributeurs de boissons. C'est peut-être une piste.

–Mouais... baragouina Surrel qui aurait donné ses nombreuses années de carrière politique pour se trouver ailleurs.

L'ascenseur commança sa montée. Surrel la trouvait bien trop rapide. Il avait envie que cet abruti de directeur se taise. Envie que ce petit voyage soit assez long pour que, lorsqu'il arriverait sur la plate-forme du premier étage, tous les journalistes et leurs questions aient disparu.

Avec un mélange de méfiance et de dégoût, il regardait les poutrelles d'acier de la tour qui se croisaient autour de lui. Une sorte de toile d'araignée parsemée de centaines de milliers de rivets. « Elles sont fausses ! Ce ne sont pas les bonnes ! Tout est faux ici ! se disait-il. Qu'est-ce que je vais bien pouvoir leur raconter pour qu'ils me foutent la paix ? » Mais le voyage en ascenseur s'acheva bien vite. La cabine sonna en arrivant au premier étage. Cela fit comme un gong sur un ring de boxe. Le directeur se tut enfin en ouvrant la grille. Il y avait bien une cinquantaine de journalistes sur la plateforme à les attendre. Les flashes crépitèrent immédiatement. L'armée des magnétos commença à tourner alors qu'approchaient les micros comme des lances de combat. Tels des canons en batterie, huit caméras de télévision ne le quittaient déjà plus de l'objectif. Jean Surrel se sentait dans la même situation qu'un condamné devant son peloton d'exécution.

Il tremblait en s'approchant de l'estrade qu'on lui avait préparée. Il laissa naviguer son regard au loin. « Mon Dieu, que Paris est une belle ville. » Juste en face de lui, très loin, la butte Montmartre, illuminée par le soleil de printemps, ressemblait à une décoration pâtissière sur le grand gâteau de l'horizon. Surrel respira profondément et se lança :

– C'est un grand jour que celui-ci ! Un jour gigantesque pour Paris, un jour grandiose pour la France, un jour immense pour le monde ! ...

(... oh là, je commence mal ; si je continue comme ça, je vais avoir des problèmes d'adjectifs...)

... Nos recherches, déclenchées dès ce matin et qui ne cessent pas, ne permettent pas encore d'expliquer exactement le comment...

(... bon sang j'aurais dû démissionner...)

... le comment et le pourquoi, mais la tour Eiffel est là, dorénavant indéracinable ! Protégée de toutes ces forces funestes qui, durant ces heures...

(... démissionner, c'est ça ! Laisser tomber Tole, ce vieux gâteux, grincheux et grotesque...)

... ces quelques heures, l'ont soutirée à notre chère affection !

(... qu'est-ce que je raconte ? J'ai envie de prendre des vacances. De vraies vacances, sans téléphone, sans fax, sans rien. À mon retour, ils se rendront tous compte que je suis indispensable. Tole démissionnera à son tour, pour raison de santé, ou parce qu'il n'aura trouvé aucun fou aussi couillon que moi pour le supporter, et moi, hop, président de la République...)

... Grâce à sa disparition, nous savons mieux encore à quel point nous l'aimons, à quel point elle est le phare de Paris, la grande balise qui nous guide ! (... ça ne veut rien dire du tout, mon baratin. Ça fait joli, mais c'est complètement creux. Tole va encore me passer un de ces savons... je m'en fous, il est fini ! S'il m'énerve trop, je le lâche, et basta ! J'écrirai des bouquins, je ferai des révélations sur les douze douches qu'il prend par jour ! J'en ai ras le bol !)

Une jeune journaliste s'avança, leva la main comme une écolière en classe et posa la plus banale des questions :

– Monsieur le Premier ministre, pourriez-vous nous préciser plus clairement vos pistes et vos hypothèses, au bout d'une journée d'enquête ?

– Je m'attendais à votre question...

(... qui c'est, cette nana ? On l'a payée pour m'emmerder ! J'avais ordonné, pas de questions difficiles !)

... Je m'y attendais, et je la comprends parfaitement, mademoiselle !

(... tu me le paieras, espèce de garce ! Je te fais virer, pas plus tard que ce soir !)

Surrel se sentit devenir écarlate. Il regardait loin, très loin. Il bafouilla que pour l'instant il ne souhaitait pas expliquer quoi que ce soit. Que cette affaire était classée...

(... c'est quoi le terme déjà ? Top Secret ou Secret Défense ?)

– Cette affaire est protégée, mademoiselle. Elle est Top Secret Défense !

Il y eut un murmure parmi les journalistes. Ils avaient tous compris que Surrel n'avait pas la moindre idée pour justifier la disparition. Il n'osait plus fixer ni les caméras ni les appareils photos, encore moins les regards attentifs des collègues de la « garce » qui lui faisaient face. Il ne quittait plus l'horizon des yeux. Là-bas, légèrement au nord, la butte Montmartre continuait de bronzer sous la générosité gratuite du soleil... et puis, tout à coup...

(... Oh ! Mon Dieu ! Qu'est-ce qui se passe ? Je rêve ?)

Tout à coup, les larmes commencèrent à couler sur le visage de Surrel. Il poussa un cri léger, quelque chose de risible et d'atroce à la fois. Les flashes ne se firent pas prier. Un Premier ministre qui pleure, sur une première page de magazine, ça vaut plus cher qu'une princesse qui se marie ou qui divorce. Après ce cri, il y en eut un autre, plus grave, comme un vilain rot, puis Surrel suffoqua et chancela.

Sans comprendre, le directeur de la tour Eiffel se précipita pour le soutenir, mais Surrel se dégagea brutalement. Il envoya le bonhomme valdinguer contre le premier rang des photographes. Pointant toujours son doigt vers le nord, Surrel répétait :

– C'est pas possible, c'est pas possible !

Il ne pouvait plus détacher ses yeux de la butte Montmartre. À l'instant, elle avait été comme scalpée de la basilique du Sacré-Cœur. Tout d'un coup, l'horizon était plus vaste, trop vaste. Vide. Il manquait là-bas les coupoles, le grand escalier, tout ! Plus de basilique ! Surrel ne pouvait détacher son regard du crâne chauve de la butte. Les journalistes se retournèrent pour comprendre. Surrel marmonna bêtement :

–Je vous en prie, ne vous retournez pas, s'il vous plaît, ne vous retournez pas !

Cinquante micros se ruèrent vers le Premier ministre pour enregistrer ses commentaires à chaud sur cette nouvelle et incroyable disparition. Les bandes magnétiques n'imprimèrent que les balbutiements d'un homme effondré qui ne savait plus que bégayer en pleurnichant avec une voix de petit garçon :

–Oh, comme j'en ai marre, mais si vous saviez ce que j'en ai marre !

Mercredi 11 mai 2005
16 h 31

Les forces de police et l'armée avaient pu dégager une partie de Paris, mais les embouteillages ne s'étaient pas résorbés aux alentours de la Seine. Le cortège du président évita le secteur.

Escorté par une douzaine de motards en uniforme d'apparat, Grégoire Tole se rendait, comme il l'avait prévu, sur la tombe du soldat inconnu. Il devait honorer les disparus d'une lointaine guerre et décorer la poignée de ceux qui ne l'étaient pas encore. « Toujours des disparus ! pensa-t-il, déci-

dément c'est la journée ! »
L'annonce de la disparition de la basilique du Sacré-Cœur arriva directement par téléphone dans la voiture présidentielle. C'est Alexandre, assis à côté du chauffeur, qui reçut l'appel désespéré du secrétaire de la présidence. Il reposa le combiné sur le tableau de bord, servit un double calmant au président et ensuite seulement annonça, le plus doucement possible, la nouvelle. Place de la Concorde, les motards qui entouraient la voiture n'entendirent pas le hurlement du chef de l'État.
Lorsqu'il descendit devant l'Arc de triomphe, trois généraux et un escadron entier de militaires l'attendaient. Tole était blême en saluant les délégations d'anciens combattants qui lui faisaient une haie d'honneur de leurs drapeaux tricolores. Distrait, il accompagna en titubant la gerbe sur l'illustre tombe. Il dut s'y reprendre à deux fois pour allumer la flamme, tant son bras tremblait. Impatient, il épingla en vitesse des Légion d'honneur sur les costumes de quatre vieillards à qui il n'adressa ni un mot ni un regard. Au lieu de garder la pose, pendant que la fanfare de la garde républicaine jouait

l'hymne national, il n'arrêtait pas de sautiller comme s'il avait eu une incontrôlable envie d'uriner. Enfin, à la stupéfaction générale, il annula le discours qu'il devait prononcer, et regagna précipitamment sa voiture.

La cérémonie n'avait même pas pris un quart d'heure. Un record !

Tole voulait absolument se rendre sur les lieux du nouveau drame. Il allait crier au chauffeur : « Foncez jusqu'à la butte Montmartre, Philippe ! Foncez ! », mais, alors que la porte de la voiture claquait derrière lui et que le chauffeur démarrait... Tole sentit à proximité une sorte de grand souffle, un coup de vent si bref qu'on pouvait penser l'avoir rêvé. C'était si soudain qu'il était impossible de savoir d'où était venu cette sorte d'éternuement sourd. D'ailleurs, était-ce une impression ou une certitude ?

Hélas, le président eut le réflexe malheureux de se retourner. L'Arc de triomphe avait disparu ! C'est-à-dire que, durant cette infime seconde, plus légère que les autres, plus irréelle, l'Arc s'était volatilisé. D'un seul coup, le mastodonte de pierre ne se trouvait plus sur les Champs-Élysées. La place de l'Étoile n'était plus qu'un gigantesque terrain vague. Elle aurait été vide en son centre, si ce n'était la haie des drapeaux et cette misérable tombe, ornée d'une grosse gerbe de roses rouges et de sa flammèche s'agitant sous la brise riante qui balayait Paris.

Tole faillit vomir, tant il hurla fort au chauffeur de foncer au palais. La voiture sauta presque pour descendre les Champs-Élysées. Les motards, toutes sirènes hurlantes, ouvraient et fermaient la voie. Les pneus crissaient sur l'asphalte, on se serait cru dans une série télévisée américaine de la fin du XXe siècle.

Tole vomit vraiment sur la banquette de cuir de sa limousine, lorsqu'il découvrit qu'au bout de l'avenue des Champs-Élysées manquait l'obélisque de la place de la Concorde. Pourtant, cet obélisque, il était là tout à l'heure ! C'était absolument certain, il l'avait parfaitement vu, tout comme les autres statues autour de la place.

– N'est-ce pas, Alexandre ? Hein ! qu'il était là ?

– Vous croyez, monsieur le Président ? Il y avait un

obélisque sur cette place ? Vous êtes sûr ? J'ai des doutes ! balbutia Alexandre en cherchant dans la trousse de secours ce qu'il pouvait bien donner à Tole pour le calmer.

Tout le monde en était sûr. Le chauffeur de la voiture aussi. Surpris autant par le malaise du président que par l'absence des monuments sur la place, il fit une embardée spectaculaire qui aurait pu être fatale. Des gens hurlaient et couraient dans tous les sens. Certains avaient abandonné leur véhi-

cule au milieu de la place et s'étaient agenouillés pour prier. D'autres étaient sortis de leur voiture, s'interpellaient, se frottaient les yeux, hagards, comme après le mauvais rêve d'un mauvais sommeil.

Grégoire Tole ne vit pas grand-chose de cette panique indescriptible. Il venait de s'évanouir dans ses vomissures. De sa bouche entrouverte s'échappait encore un filet de bave verdâtre.

Alexandre, toujours assis à l'avant, faisait tout ce qu'il pouvait pour le redresser sur la banquette arrière. On le conduisit, sous les faisceaux bleutés des gyrophares et les hurlements des sirènes, à l'hôpital le plus proche. D'une certaine façon, l'évanouissement du président Grégoire Tole lui évita peut-être de mourir d'une crise cardiaque.

En effet, s'il avait été lucide, il aurait sans doute très mal pris la disparition du Grand et du Petit Palais, en approchant la Seine. De même, comment aurait-il réagi au détour forcé que sa voiture dut faire pour traverser le fleuve ? Car le pont Alexandre-III, lui aussi, venait de se faire la malle.

Mercredi 11 mai 2005
18 h 27

Ce n'est qu'en début de soirée que le Premier ministre put pénétrer dans la chambre d'hôpital où le président se remettait de ses émotions. Par respect pour le malade, Jean Surrel se présenta à Tole avec un large sourire qui se voulait rassurant. Pourtant le Premier ministre était épuisé, et le moins que l'on puisse dire, c'est qu'il n'avait vraiment pas le moral. Il s'approcha du lit et ne voulut d'abord donner que les bonnes nouvelles :

– Monsieur le Président, le Sacré-Cœur et l'Arc de

triomphe sont à nouveau à leur place. Leur disparition n'aura pas dépassé deux heures. J'avoue que d'un instant à l'autre nous attendons le retour de l'obélisque de Louxor sur la place de la Concorde !

– Surrel ?

Grégoire Tole s'était légèrement redressé sur ses coudes pour interpeller son ministre. Sa voix était faible mais toujours aussi autoritaire.

– Oui, monsieur le Président ?

– Surrel, est-ce que ce sont les mêmes ?

– Ah ! Monsieur le Président, vous avez une bien meilleure mine ! tenda de sourire le Premier ministre en fixant Tole.

Le président semblait avoir vieilli d'une bonne dizaine d'années depuis le matin.

– Surrel, je vous ai posé une question claire ! s'énerva Tole.

– Calmez-vous, monsieur le Président, vous êtes encore fragile. Vous nous avez fait une sacrée grande peur.

Par gentillesse, il ajouta un mensonge :

– Savez-vous que depuis l'annonce de votre hospitalisation, les messages de sympathie affluent !

–Surrel, vous m'emmerdez ! Et ce n'est pas que d'aujourd'hui ! Je vous garde à votre poste parce que je ne peux pas faire autrement pour le moment, mais maintenant, là, tout de suite, si j'en avais la force, je vous tatouerais volontiers ce message sur le front : vous m'em-mer-dez !

–Pardon ?

–Je vous ai demandé si la basilique du Sacré-Cœur et l'Arc de triomphe étaient bien les mêmes ! Oui ou non ?

Il rajeunissait un peu en s'énervant, ce qui, d'un point de vue médical, était assez rassurant.

–Vous vous sentez mieux, monsieur le Président, à ce que je vois, ironisa Surrel.

–Vous vous foutez de moi, monsieur le Premier ministre, à ce qu'il me semble ! cracha Tole complètement assis dans son lit et prêt à balancer la bouteille de goutte-à-goutte sur le pauvre Surrel. Rien à foutre de vos : « monsieur le Président ! » Répondez-moi immédiatement, Surrel ! Est-ce que ce sont les mêmes ? Répondez, c'est un ordre !

Surrel finit pas avouer, en murmurant :

–Ils sont... semblables, monsieur le Président. On

jurerait que ce sont exactement les mêmes. Je vous assure, parfaitement semblables... même les graffitis sur les murs des toilettes du Sacré-Cœur sont identiques !

–« *Tu quoque, mi filii* [3] », souffla Tole en s'allongeant. Ce ne sont pas les monuments originaux, n'est-ce-pas ?

–Des copies parfaites...

–Mais pas les originaux !

–C'est incompréhensible, dit Surrel.

Deux grosses larmes commencèrent à perler aux coins de ses yeux.

–L'heure est très grave, Surrel. J'ai besoin de repos pourtant. Si la charge présidentielle vous tente, sachez que nous aurons bientôt d'autres élections. Je vais passer la main, je crois.

Les larmes séchèrent immédiatement dans le regard du ministre, deux petites lueurs d'espoir prirent leur place.

–Vous pourrez vous présenter et vous aurez toutes

3. « Toi aussi, mon fils », en latin. Célèbre phrase de l'empereur romain Jules César lorsque son fils Brutus l'assassina.

vos chances d'être...

– Monsieur le Président, je suis flatté, mais...

– Toutes vos chances, d'être battu.

Tole ricana nerveusement. Était-ce la fatigue ou les calmants ? Visiblement, le président de la République n'avait plus toute sa tête. Il continua à ricaner de plus en plus fort, comme une mécanique qui, petit à petit, s'emballe, et que l'on ne peut plus maîtriser. Son visage dégoulinait de transpiration. Tole se tenait le ventre en tressautant de rire. De minute en minute, il prenait des rides et des cernes. Et dix ans de plus, dix !

Vexé, Surrel voulut se venger.

– En effet, l'heure est grave, car le pont Alexandre-III a disparu également !

Tole continua à rire de plus belle, il allait s'étouffer. Les années s'accumulaient sur sa figure de plus en plus ridée. Ces éclats de rire exaspéraient Surrel, qui poursuivit sur sa lancée :

– Ainsi que le Centre Georges-Pompidou, et toutes les œuvres qu'il contenait !

– Ha, ha, ha ! c'est pas possible ! Ha, ha, ha !

Et dix ans en prime, dix !

– Ainsi que la cathédrale Notre-Dame !

Ici, Tole s'interrompit un instant. Il hésita entre le rire et les sanglots mais, vite, il reprit ses éclats hystériques, encore plus fort. Les années s'accumulaient toujours sur son visage. Il allait rendre l'âme dans l'instant, s'il continuait ainsi !

– Ha, ha, ha ! Notre-Dame de Paris ! Plouf, envolée !

– Oui, monsieur le Président, mais nous avons peut-être une piste.

Tole s'arrêta de rire. Il avait l'air déçu que la plaisanterie puisse trouver une explication.

– Oh, pas grand-chose, avoua Surrel. Lorsque la tour Eiffel est revenue, les distributeurs de boissons fraîches étaient tous vides.

– Et alors ? demanda le « vieillard » qui sentait son fou rire le reprendre.

– Et alors, c'est tout ce que nous avons remarqué, mais...

– Génial ! s'esclaffa Tole, à nouveau hilare. On nous a volé la tour Eiffel pour nous piquer des bouteilles de Coca-Cola ! Ha, ha, ha ! C'est génial !

– Ce n'est pas ce que je voulais dire...

Tole s'essuyait les yeux, s'épongeait le front et se

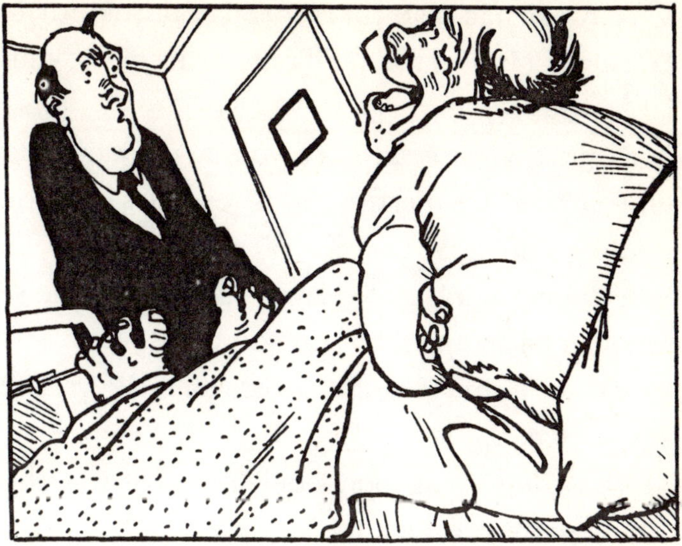

mouchait dans les draps.

– Surrel, vous êtes un sacré rigolo, vous n'auriez pas dû choisir la politique, c'est du gâchis, vous avez des talents cachés ! On en apprend tous les jours ! Notre-Dame de Paris... des bouteilles de limonade... Vous êtes génial, Surrel ! Super-génial !

– Je vous en prie, monsieur le...

– Ha, ha, ha !

– Ce n'est pas tout à fait fini !

– Oh oui, encore ! Encore ! Vous êtes irrésistible !

– Ce n'est pas une plaisanterie, monsieur le Président. Mais je crois qu'il vaut mieux que je vous laisse vous reposer.
– Pas question ! Je veux tout savoir, au point où nous en sommes ! Ce n'est pas tous les jours que l'on rigole comme ça !
Son hoquet nerveux le reprit. À présent, Tole se secouait frénétiquement sur son lit.
– De toute façon, je saurai, je regagnerai l'Élysée ce soir même.
– Eh bien, justement, monsieur le Président, il semble que le palais présidentiel...
– L'Élyséeeeeeeeeeeeeeeeee !
Surrel sonna les médecins quand il vit partir Tole dans une sorte de tremblement épileptique qu'il ne lui connaissait pas. On n'avait jamais vu un président de la République baver de la sorte tout en riant aussi fort. Jamais. Mais on n'avait jamais vu non plus un président de la République semblant, à vue d'œil, avoir atteint les cent trente ans. Jamais.

Mercredi 11 mai 2005
21 h 19

Jean Surrel n'eut pas besoin que les médecins lui fassent un dessin pour comprendre que le président Grégoire Tole venait de basculer dans un état totalement délirant. Il l'abandonna aux mains de trois infirmiers qui lui administrèrent une piqûre calmante. Un peu de repos s'imposait pour remettre Tole d'aplomb, et encore...

Surrel ne devait plus compter sur lui pour le moment. Mais c'était le plus petit de ses soucis. En quittant la chambre de Tole, il refusa de répondre aux journalistes qui se pressaient à l'entrée de l'hôpital. Il s'engouffra aussitôt dans sa voiture. Les journalistes avaient suffisamment de choses à raconter pour la journée, sans qu'on y ajoute ses commentaires personnels.

Par téléphone et par fax, il était constamment en contact avec les scientifiques réunis depuis les premières heures de la matinée. Mais les experts n'avaient encore trouvé aucun début de réponse à la question qui leur était posée. Jamais de sa vie d'homme politique Surrel ne s'était senti aussi désespéré. Il fila à l'hôtel Matignon. Il avait convoqué d'urgence une réunion de ses principaux ministres, des responsables de la mairie de Paris, et de quatre de ces fameux experts qui se creusaient la tête et s'arrachaient les quelques cheveux qui leur restaient. Ce gouvernement de crise siégea, en l'absence du président, durant toute la nuit. Jamais on ne connut réunion plus houleuse. L'angoisse de la possible fin du monde (on ne sait jamais), la fébrilité, rendaient chacun nerveux et agressif. Bien vite, tous les participants à ce conseil de guerre oublièrent les politesses, souvent de mise dans ce genre de réunion.

Au bout de la grande table ovale, légèrement derrière le Premier ministre, un téléscripteur, directement relié au quartier général des services de sécurité de la capitale, laissait tomber ses informations toutes les cinq minutes. Ainsi, à peine quelques instants après que tous les ministres eurent pris place dans la salle du conseil, Jean Surrel annonça gaiement les deux premières bonnes nouvelles :

– Mes amis, le palais de l'Élysée vient de reprendre sa place, rue du Faubourg-Saint-Honoré !

Et quelques instants plus tard :

– Notre-Dame se dresse à nouveau fièrement au beau milieu de l'île de la Cité !

On applaudit. Certains firent « Ahhh », et d'autres « enfin », ou encore « c'est pas trop tôt ». Mais Surrel se gardait bien de lire les télex dans leur intégralité. Si le palais présidentiel et la grande cathédrale avaient retrouvé leurs places, ni l'un ni l'autre n'étaient les mêmes. Pourtant, au millimètre, au détail d'usure et de luxe près, on les aurait cru parfaitement semblables. Mais, chaque fois, les informateurs ajoutaient dans leurs communiqués que les constructions retrouvées n'étaient plus édifiées

dans les mêmes matériaux. La similitude était parfaite et seules les analyses complexes, les prélèvements comparés dénonçaient les pierres et les bois, les peintures et les enduits. Ces matériaux étrangers et inconnus n'avaient rien à faire là ! Ce n'était pas ceux choisis par les bâtisseurs et les architectes, plusieurs siècles ou quelques années auparavant.
À part ces « détails », il ne manquait rien aux monuments disparus. Pas une feuille dans les dossiers du palais de Grégoire Tole, pas un prie-Dieu, pas une hostie à Notre-Dame. On remarqua bien que les bénitiers revenus étaient secs et que les bouteilles de vin de messe étaient vides. Mais, comme s'était esclaffé Grégoire Tole, on ne vole pas une cathédrale pour faire provision d'eau bénite et de bordeaux de mauvaise qualité.
Excepté cela, rien ne faisait défaut. Tout était en place, dans le même ordre ou dans le même désordre, mais tout était faux. Seuls Surrel et quelques experts restaient dans le secret de cette gigantesque supercherie.
La soirée du gouvernement fut parsemée d'autres télex qui, à chaque lecture, creusaient davantage les

visages. On aurait dit qu'ils assistaient à une finale de Coupe du monde de football. L'adversaire inconnu marquait des buts à chaque disparition, l'autre camp se contentait d'égaliser, mais n'avait jamais l'initiative des actions, pas même la maîtrise du ballon.
Le Premier ministre dut se résigner à annoncer la disparition de l'Opéra de Paris quelques instants après avoir murmuré l'enlèvement du musée du Louvre.
À bout de nerfs, le ministre de la Culture laissa éclater sa colère en visant son collègue de la Défense :
– Si une puissance étrangère possède une arme capable de faire de tels dégâts à notre patrimoine[4] architectural et culturel, comment se peut-il que nous n'en ayons pas été informés ? À quoi vous servent vos espions, vos informateurs ? Nous ne savons toujours pas d'où vient ce pillage de nos trésors, c'est parfaitement scandaleux ! Tout ceci a l'air d'une farce gigantesque, et vous êtes, monsieur le ministre de la Défense, un monumental incapable !
– Sottises et balivernes ! répliqua le ministre visé en

4. Patrimoine : tous les bâtiments, toutes les œuvres et valeurs, tout ce qui constitue la richesse et l'identité d'un pays.

bavant de rage sur ses galons. Il n'existe aucune arme de cette sorte sur la planète. Mes services sont formels ! Depuis 2001 nous avons mis au point des désintégrateurs capables de réduire en poussière des bâtiments aussi grands, avec une précision au centimètre près. Mais pour ce qui est de les restituer intacts... non, c'est vrai,... nous n'y avions même pas pensé. Maintenant, je vous préviens, traitez-moi encore une fois d'incapable, et je vous fais bouffer vos lunettes dans le sens de la largeur !

– Ces évaporations de nos richesses ne sont ni des sottises ni des balivernes ! rétorqua le futur mangeur de lunettes. Il faudra bien pouvoir les expliquer au pays ! La terreur s'est emparée de tout Paris. La population fuit comme à l'imminence d'un tremblement de terre. La panique gagne la province ! Plus personne n'ose sortir de chez soi, c'est aussi catastrophique que si une bombe atomique était tombée sur Paris ! L'Europe..., que dis-je, le monde entier nous observe ! Et, vous savez ce qu'elles vous disent, mes lunettes ?

Surrel essaya de calmer la querelle. Il rappela que l'on ne déplorait pour l'instant aucune disparition humaine, car, si les éclipses des monuments étaient soudaines, au moment des volatilisations le personnel et les habitants des sites se retrouvaient à chaque fois indemnes – au milieu des grands terrains vagues laissés par les édifices perdus –, un peu hagards, bien sûr, incapables d'expliquer quoi que ce soit, certes, mais sains et saufs. N'était-ce pas le principal ?

Le ministre de la Culture osa répondre :

– Non, ce n'est pas le principal ! Entre la perte de la Joconde et la disparition d'une femme de ménage du musée du Louvre, mon choix est vite fait !

Immédiatement des camps se formèrent autour de la table. Les attaques fusaient d'un ministre à l'autre. Foudroyantes, elles divisaient l'assemblée. Surrel, autant que les autres, participa à la bataille. Personne n'écoutait plus personne. Personne ne prenait soin d'accorder la moindre attention aux messages du téléscripteur que les huissiers déposaient toujours sur la grande table et qui annonçaient, laconiques :

« 23 h 34. Grand Palais revenu à sa place, attendons avec impatience retour du Petit Palais ! »

« 0 h 30. Disparition du jardin des Tuileries et des quais de la Seine ! »

« 0 h 52. Disparition du palais du Luxembourg et parc alentour ! »
« 0 h 58. Signalons le retour de la tour Montparnasse, dont nous n'avions pas noté la disparition ! »

*

À 2 h 21 du matin, ce grand conseil exceptionnel se trouva interrompu brusquement. Le ministre de l'Éducation nationale, qui allait balancer un énorme cendrier à la figure de son collègue de l'Agriculture qui n'arrêtait pas de répéter : « Tant qu'on ne touche pas à nos campagnes, moi, ça ne me gêne pas ! » ne put terminer son geste. En effet, le projectile n'atteignit pas le front grisonnant auquel il était destiné. En un instant, tous les ministres et le personnel de Matignon, abasourdis, se retrouvèrent assis par terre au beau milieu de la rue. Enfin, plus exactement, au centre d'un immense terrain complètement vide, car la rue aussi avait disparu. Il n'y avait plus que le ciel à la place des précieux lambris du plafond de la salle où les ministres s'expliquaient l'instant précédent. L'hôtel Matignon et

MINISTÈRE
DE LA
CULTURE

tout le pâté d'immeubles autour, la table ovale du conseil, le cendrier en bronze qui promettait une superbe bosse au ministre de l'Agriculture, les carafes de cristal et les verres, les dossiers, le téléscripteur, ... absolument tout avait disparu. Ne demeuraient que les étoiles et la lune. Celle-ci, grignotée par un nuage, avait la forme d'un croissant déjà bien entamé. Toute la soirée ! Toute la nuit ! Toute la ville ! À toute vitesse ! Car si la tour Eiffel s'était absentée durant une demi-journée, les nouvelles disparitions, elles, semblaient s'écourter au fur et à mesure qu'elles se succédaient. Les ministres purent remonter en salle du conseil au bout d'une demi-heure... et reprendre leurs discussions inutiles. Ils se firent porter d'autres boissons. Les carafes revenues sur la table revenue, dans la salle revenue... étaient vides. Mais on ne subtilise pas le palais du Premier ministre pour lui voler quelques litres d'eau minérale...

Le téléscripteur crépita :

« 2 h 21. Disparition du palais de Matignon ! »

« 2 h 47. Retour du palais de Matignon, à sa place. Mais vous étiez sans doute au courant, monsieur le Premier ministre. »

Mercredi 11 mai 2005
Nuit

Toute la ville !

Maison par maison.

Des hôtels particuliers aux taudis les plus sordides.

Tout Paris !

Les musées, les places, les théâtres, les larges boulevards comme les plus petites ruelles. Les grands magasins comme les étals des bouquinistes sur les quais de la Seine. Les bijouteries prestigieuses de la rue de la Paix comme les petites épiceries du quartier de la Goutte-d'Or. Les boîtes de nuit de l'avenue de Clichy comme l'avenue elle-même. Les églises, le bois de Boulogne et les squares, le métro, les catacombes, les cimetières aussi.

Tout !

Les hôpitaux – dont celui où le président Tole se reposait –, les gares, les écoles, les facultés...

Tout !

Le moindre recoin de Paris fut subtilisé au point que bien vite plus aucun ingénieur ne se déplaçait pour constater le phénomène qui s'emballait dans une frénésie absolument incontrôlable. La machinerie diabolique semblait être devenue complètement folle.

On se retrouvait en pyjama dans sa rue – où manquaient les réverbères, les trottoirs, les pavés – et, le temps de reprendre ses esprits, l'immeuble réintégrait sa place. On remontait alors dans sa chambre pour retrouver un lit aux draps encore froissés d'un sommeil si brutalement interrompu. Avec juste cette infime différence, imperceptible et secrète : les façades qui revenaient n'étaient pas de la même pierre ; les bois des charpentes et des meubles, pas de la même essence ; les métaux, pas du même

alliage ; les tissus, pas des mêmes fibres. Mais personne ne pourrait jamais s'en rendre compte, si on savait garder le secret.

Au lever du jour, ce fut fini.

Toute la ville y était passée et Paris se calma enfin de cette transe qui l'avait épuisée.

Aucun journal ne parut dans les kiosques, aucun communiqué ne passa sur les ondes, aucune image ne scintilla sur les écrans. On voulait respecter, dans le plus profond recueillement, ce brusque repos, après de tels bouleversements. Comme on s'éloigne, sans faire de bruit, de la chambre d'un malade qui sort de la salle d'opération, en chuchotant à l'infirmière : « Ne le dérangez pas ! Je reviendrai plus tard, quand il sera réveillé. »

Jeudi 12 mai 2005
11 h 09

Grégoire Tole, encore sous tranquillisants, regagna le palais de l'Élysée le lendemain matin.

Les médecins avaient insisté, autant qu'ils le pouvaient, pour que leur illustre patient reste plus longtemps en convalescence, mais le président Tole n'avait rien voulu entendre. Il s'était réveillé de très méchante humeur, il avait insulté tout le monde – histoire de se mettre en forme –, et lorsque Alexandre, qui l'avait veillé toute la nuit, lui avait fait le récit des événements fous qui s'étaient enchaînés depuis plusieurs heures, il avait laissé éclater sa colère. On l'avait entendu hurler dans tout l'hôpital. Ce qui prouvait, malgré tout ce que les médecins racontaient, que Tole avait retrouvé... une santé d'acier. Une fois sa furie retombée, le président de la République sauta du lit, s'habilla – sans prendre de douche – et lança au pauvre Alexandre qui ne savait plus où se mettre :

– Vous ne croyez quand même pas que je vais laisser cet imbécile de Surrel me voler la vedette ? C'est MOI qui m'adresserai ce soir à la population, avant le début des journaux télévisés ! Je déclare ce jeudi jour de deuil national, histoire de calmer tout le monde ! hurlait Tole, incapable de se calmer. Le patron, même fatigué, c'est MOI, et moi seul ! Si on doit me soigner, ce sera au palais ! Allez, en route ! Alexandre, faites avancer mon ambulance !

*

Arrivé dans ses appartements privés, il ordonna qu'on ne le dérange sous aucun prétexte. Il voulait préparer son discours du soir. Celui-ci serait certainement retransmis par satellite dans la plupart des grands pays du monde. De toute façon, personne n'aurait eu l'idée suicidaire de venir déranger Grégoire Tole, étant donné son humeur. Même Alexandre ne se fit pas prier pour s'éclipser dans son appartement et enfin goûter un peu de véritable repos.

Pour préparer son allocution, Tole n'avait nullement besoin de Surrel et pas davantage de l'incompréhension des scientifiques. Personne ne savait rien, et Tole décida que son discours serait destiné simplement à rassurer la population en lui promettant que tout était bien terminé. Pour se préparer, Tole n'avait besoin que de trois choses. Se concentrer, se reposer et surtout prendre une douche.

Ah, une bonne douche, rien ne pouvait lui faire plus plaisir ! Une douche chaude, parfumée, longue et vivifiante. Après, sa concentration serait totale et le repos suivrait sans le moindre problème. Une douche... ah, une douche, cela faisait si longtemps.

Grégoire Tole passa donc de son bureau à sa chambre. Il ne remarqua pas tout de suite le bouquet de fleurs placé au pied de la fenêtre. Pourtant celui-ci était énorme. Posé dans une corbeille d'osier, il embaumait toute la pièce. Un parfum surprenant et agréable. Un fort mélange de musc et d'amande, l'étonnant mariage de la fraîcheur et du printemps.

« Quelqu'un a sans doute envoyé cette corbeille pour m'accueillir à mon retour de l'hôpital, pensa fièrement Grégoire Tole. C'est une attention sympathique, mais c'est tout à fait normal, je suis le président après tout ! »

Il regarda de plus près la magnifique composition florale. Il n'y avait pas de carton ou d'enveloppe pour lui indiquer le nom de l'expéditeur.

« Ce doit être une idée d'Alexandre. Le personnel de l'Élysée s'est peut-être cotisé. Ils sont tellement contents de me revoir ! » songea-t-il, sans plaisanter.

Tole constata qu'il n'y avait aucune réserve d'eau au fond de la corbeille, ce qui l'étonna un peu, car les plantes n'étaient absolument pas artificielles.

Il commença à se déshabiller tout en observant, presque malgré lui, l'énorme bouquet. Quelque chose l'intriguait, il ne savait pas quoi, mais il se sentait comme épié par les fleurs de l'imposant bouquet.

Des fleurs, depuis son élection en 1999, il en avait reçu des jardins entiers, des rares, des énormes, des carnivores, des éphémères, des rassemblées en couronnes, en vasques, en guirlandes, en corbeilles, en gerbes. Un vrai feu d'artifice de parfums et de couleurs. Mais des fleurs semblables, Tole n'en avait jamais vu.

Leurs pétales étaient finement découpés, comme ces vieilles dentelles que l'on posait sur les meubles, chez sa grand-mère à Cabourg, en Normandie, il y a si longtemps. Les pétales étaient irisés et eux aussi très étranges. À mieux les observer, Tole se rendit compte que ces satanées fleurs changeaient de couleur ! Parfaitement ! Entre le moment où il les avait découvertes dans sa chambre et maintenant, le bouquet de rouge carmin était devenu mauve, après être passé par un joli bleu turquoise et un superbe vert émeraude.

« On fait des trucs incroyables avec les techniques actuelles ! » pensa-t-il en terminant de se déshabiller. Mais il ne put s'empêcher de se dire aussi qu'il n'avait jamais entendu parler de telles nouveautés.

Ce bouquet l'intriguait trop. Tole allait sonner Alexandre pour connaître la provenance de cette magnifique corbeille fleurie, quand il se passa une chose encore plus époustouflante, plus extraordinaire... Le bouquet commença à se mouvoir ! Chacune des cinquante fleurs qui le composaient s'agitait, telles les tentacules d'une pieuvre. Tole, terrorisé, voulut appeler à l'aide, mais aucun son ne sortit de sa gorge. Il ne pouvait plus détourner son regard du bouquet.

Le manège des corolles était si gracieux. Il évoquait un véritable ballet. Une chorégraphie dans laquelle chaque tige et ses pétales tenaient une place et un rôle bien précis. Les fleurs bougeaient sans cesse à présent. Parfois le mouvement était brusque, parfois subtil, toujours en harmonie. C'était une danse délicate, comme si un vent tourbillonnant avait été leur chorégraphe de génie. Mais il n'y avait pas de vent dans la chambre du président de la République ce matin-là... À la fin du ballet, les fleurs saluèrent le président, exactement comme l'auraient fait des danseurs à la fin de leur spectacle.

Tole ne savait plus où il était. Il pensa que les médecins et Alexandre avaient peut-être raison, et qu'il était sorti trop vite de l'hôpital.

Le mouvement dans la corbeille reprit. À présent, en tombant puis en se redressant, chaque fleur désignait clairement un fauteuil, au président, non loin de la fenêtre.

Sans comprendre, il alla s'asseoir, complètement nu, sur le fauteuil Voltaire « qu'elles lui avaient indiqué ».

Aussitôt les tiges calmèrent leur danse. Ce furent les pétales qui se mirent à s'ouvrir puis se refermer, comme cinquante bouches qui chantent en même temps.

Et c'est alors que le président Grégoire Tole entendit le bouquet s'adresser à lui !

Une chorale !

Les voix se chevauchaient, aucune n'avait le même timbre, mais elles tenaient toutes le même discours. Cinquante bouches qui fredonnaient doucement, comme le chœur d'un opéra dont il était le seul spectateur :

« Nos respects, monsieur le président de la République française.

Nous savons que vous ne croyez pas à notre existence, mais ceci n'a aucune importance.

Il y a longtemps, bien longtemps, que nous voulions venir dans votre ville. C'est une grande et très belle ville. À notre avis, c'est la plus belle de la Terre ; nous les connaissons toutes, mais c'est par la vôtre que nous avons choisi de commencer. Paris est une ville si merveilleuse, monsieur le Président, que nous n'avons pu résister au plaisir de la faire apprécier aux nôtres. Nous l'avons donc transportée sur notre planète. Elle y sera mieux conservée que chez vous.

Pour votre dédommagement, nous vous avons offert la copie absolument parfaite de votre Paris. Plus solide, bien plus résistante, nous l'avons conçue dans des matériaux qui vous sont encore inconnus. Mais sachez qu'ils résisteront pendant des millénaires à ce que vous appelez, sur la Terre, l'usure du temps. Vous verrez, vous ne serez pas déçu. Chez nous n'existe pas ce que chez vous on appelle la "vieillesse".

Nous vous laissons ce que vous appelez "la Seine". L'élément liquide nous est totalement inutile, il y a bien longtemps que nos ancêtres ont appris à s'en passer.

Notre peuple entier vous remercie. Il a tant apprécié Paris qu'il nous a chargés de lui faire découvrir toute votre planète.

Nous allons donc nous y employer, et nous vous chargeons d'en avertir vos populations et vos collègues responsables des autres pays et autres continents.

Le désagrément que pourraient occasionner ces volatilisations ne sera que d'une très courte durée.

Notre technique est à présent tout à fait au point.

Nous attaquons tout à l'heure le reste de votre pays, il sera terminé d'ici peu. Nous devrions avoir achevé le transbordement de la Terre dans une dizaine de ce que vous appelez mois.

La Terre et vos constructions humaines seront alors absolument identiques, mais inusables. Nous vous le certifions solennellement.

Enfin, monsieur le Président, nous tenions également à vous remercier personnellement pour votre compréhension.

Oui, vous, personnellement !

Nous vous offrons donc un cadeau exceptionnel, ne vous inquiétez pas, c'est une poignée de secondes pour des siècles d'éternité.

Recevez, monsieur le président de la République française, l'assurance de notre fraternité galactique la plus sincère et la plus reconnaissante. »

Grégoire Tole resta sonné comme un boxeur qui vient de recevoir le plus puissant des uppercuts sur un ring. Il demeurait nu et prostré dans son fauteuil.

– C'est pas possible, ce sont les médicaments qui me font cet effet ! J'entends des voix ! J'ai rêvé !

– Non, monsieur le Président, vous n'avez pas rêvé, s'agitèrent doucement les fleurs dans la corbeille.

Bêtement, Tole se répéta les mots du bouquet. À présent les fleurs bougeaient à peine, elles semblaient simplement le saluer.

– Me remercier personnellement ? Un cadeau exceptionnel ? Quel cadeau exceptionnel ?

– *Ne bougez pas, monsieur Tole, cela ne va pas prendre plus de trois secondes !* avait lancé une fleur en haut de la composition.

– Mais ! Alex...

La fin de l'appel que Tole voulut lancer ne s'entendit pas.

À cet instant précis, durant trois poussières de secondes, pas davantage, Grégoire Tole disparut de la pièce comme par magie. Quand il réapparut, assis sur son fauteuil, toujours nu, il se sentait à la fois le même et un peu différent, comme... inusable.

Il n'y avait plus de bouquet dans la pièce. Et Grégoire Tole sentit qu'il n'avait absolument pas envie de prendre de douche.

Ni maintenant, ni plus jamais.

FIN

Tu as aimé **sourire et rire ?**

Alors les autres titres de COLLECTION DÉLIRES sont pour toi :

201. Sauve qui peut, voilà les Herdman !
202. Piégé dans le corps du prof !
203. Le président perd les pédales
204. Ça pétarade chez les pirates
205. Sale temps pour la maîtresse !
206. Les poilantes aventures de René le virus
207. Ta mère est une Neandertal
208. Le chouchou de madame
209. Du rififi chez les Ronchon
210. Piégé dans le jour de la rentrée !
211. Piégé dans le corps du chien !
212. Sale temps pour les hamsters
213. Ça déménage classe 104 !
214. Tire au but, P'pa !
215. Vive la mariée !
216. Dur dur d'être un héros !
217. Blagues et gags pour rigoler à la récré
218. Piégé dans le corps du prof de gym !
219. Le bon, la brute et l'andouille
220. Piégé dans le corps de ma sœur !
221. Vive les crapules !
222. Piégé le premier jour de la colo !
223. Qui a peur des kidnappeurs ?
224. Piégé dans le corps du père Noël !
225. Piégé dans le corps du président !
226. Jennifer, l'enfer !
227. Le manuel des farceurs
228. Piégé dans le corps d'une star !
229. Un chien trop bavard
230. Baby-sitter, l'horreur !
231. L'amour toujours
232. Piégé dans le corps de la dame de cantine !
233. Les énigmes du zoo
234. Piégé dans le corps du proviseur !